lingvito

ΑΒΓ

GREEK HANDWRITING

Workbook

ΧΨΩ

www.lingvitokids.com

Περιεχόμενα

Contents

Α α

(a)

η **αλεπού**
*[alepo**u**] · fox*

το **αεροπλάνο**
*[aero**pla**no] · airplane*

Α

Α

Α

α

α

α

η αλεπού

η αλεπού

η αλεπού

το αεροπλάνο

το αεροπλάνο

το αεροπλάνο

το **αυτί**
[**af**ti] · ear

το **αστέρι**
[**as**teri] · star

ο **ανανάς**
[ana**nas**] · pineapple

ο **άντρας**
[**an**dras] · man

το αυτί

το αυτί

το αυτί

το αστέρι

το αστέρι

το αστέρι

ο ανανάς

ο ανανάς

ο ανανάς

ο άντρας

ο άντρας

ο άντρας

Β β (v)

τα **βουνά**
[vou**na**] · mountains

η **βάρκα**
[**va**rka] · boat

Β

Β

Β

β

β

β

το βουνό

το βουνό

το βουνό

η βάρκα

η βάρκα

η βάρκα

ο **βάτραχος**
[**vat**rachos] · frog

το **βιβλίο**
[viv**lio**] · book

το **βιολί**
[vio**li**] · violin

η **βαλίτσα**
[va**li**tsa] · suitcase

ο βάτραχος

ο βάτραχος

ο βάτραχος

το βιβλίο

το βιβλίο

το βιβλίο

το βιολί

το βιολί

το βιολί

η βαλίτσα

η βαλίτσα

η βαλίτσα

7

(g)

Γ γ

τα **γυαλιά**
[gyalia] · glasses

τα **γάντια**
[gantia] · gloves

Γ

Γ

Γ

γ

γ

γ

τα γυαλιά

τα γυαλιά

τα γυαλιά

τα γάντια

τα γάντια

τα γάντια

το **γάλα**
[**ga**la] · milk

η **γάτα**
[**ga**ta] · cat

ο **γιατρός**
[giat**ros**] · doctor

η **γιαγιά**
[gia**gia**] · grandmother

το γάλα

το γάλα

το γάλα

η γάτα

η γάτα

η γάτα

ο γιατρός

ο γιατρός

ο γιατρός

η γιαγιά

η γιαγιά

η γιαγιά

(d)

Δ δ

το **δελφίνι**
[del**fi**ni] · dolphin

το **δώρο**
[**do**ro] · gift

Δ

Δ

Δ

δ

δ

δ

το δελφίνι

το δελφίνι

το δελφίνι

το δώρο

το δώρο

το δώρο

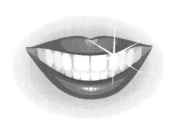

το **δαχτυλίδι**
[dachtylidi] · ring

ο **δρυοκολάπτης**
[dryokolaptis] · woodpecker

τα **δόντια**
[dontia] · teeth

το **δέντρο**
[dentro] · tree

το δαχτυλίδι
το δαχτυλίδι
το δαχτυλίδι

ο δρυοκολάπτης
ο δρυοκολάπτης
ο δρυοκολάπτης

τα δόντια
τα δόντια
τα δόντια

το δέντρο
το δέντρο
το δέντρο

Ε ε

(e)

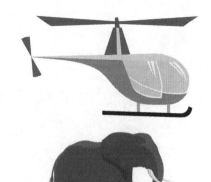

το **ελικόπτερο**
*[eli**kop**tero] · helicopter*

ο **ελέφαντας**
*[e**le**fantas] · elephant*

Ε

Ε

Ε

ε

ε

ε

το ελικόπτερο

το ελικόπτερο

το ελικόπτερο

ο ελέφαντας

ο ελέφαντας

ο ελέφαντας

η ελιά
[**eli**a] · olive

το **έλκηθρο**
[**el**kithro] · sled

το **ελάφι**
[**ela**fee] · deer

το **έντομο**
[**en**domo] · insect

η ελιά

η ελιά

η ελιά

το έλκηθρο

το έλκηθρο

το έλκηθρο

το ελάφι

το ελάφι

το ελάφι

το έντομο

το έντομο

το έντομο

(z)

Ζ ζ

η **ζώνη**
[**zo**ni] · belt

τα **ζάρια**
[**za**ria] · dice

Ζ

Z

Z

ζ

ζ

ζ

η ζώνη

η ζώνη

η ζώνη

τα ζάρια

τα ζάρια

τα ζάρια

το **ζουζούνι**
[zouzo**u**ni] · bug

η **ζέβρα**
[**zev**ra] · zebra

η **ζάχαρη**
[**za**chari] · sugar

η **ζακέτα**
[za**ke**ta] · jacket

το ζουζούνι
το ζουζούνι

το ζουζούνι

η ζέβρα
η ζέβρα

η ζέβρα

η ζάχαρη
η ζάχαρη

η ζάχαρη

η ζακέτα
η ζακέτα

η ζακέτα

Η η (i)

το **ηφαίστειο**
[*ifai*steio] · volcano

το **ημερολόγιο**
[*imerolo*gio] · calendar

Η

Η

Η

η

η

η

το ηφαίστειο

το ηφαίστειο

το ηφαίστειο

το ημερολόγιο

το ημερολόγιο

το ημερολόγιο

ο **ήλιος**
[ilios] · sun

το **ηλιοτρόπιο**
[eliotropeeo] · sunflower

το **ηλιοβασίλεμα**
[eleeovasilema] · sunset

ο **ήχος**
[echos] · sound

ο ήλιος

ο ήλιος

ο ήλιος

το ηλιοτρόπιο

το ηλιοτρόπιο

το ηλιοτρόπιο

το ηλιοβασίλεμα

το ηλιοβασίλεμα

το ηλιοβασίλεμα

ο ήχος

ο ήχος

ο ήχος

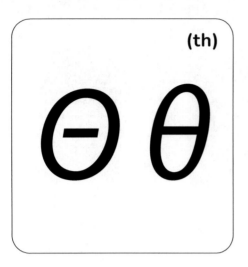

(th)

Θ θ

ΤΟ **θερμόμετρο**
[ther**mo**metro] · thermometer

ΤΟ **θρανίο**
[thra**ni**o] · desk

Θ

Θ

Θ

θ

θ

θ

το θερμόμετρο

το θερμόμετρο

το θερμόμετρο

το θρανίο

το θρανίο

το θρανίο

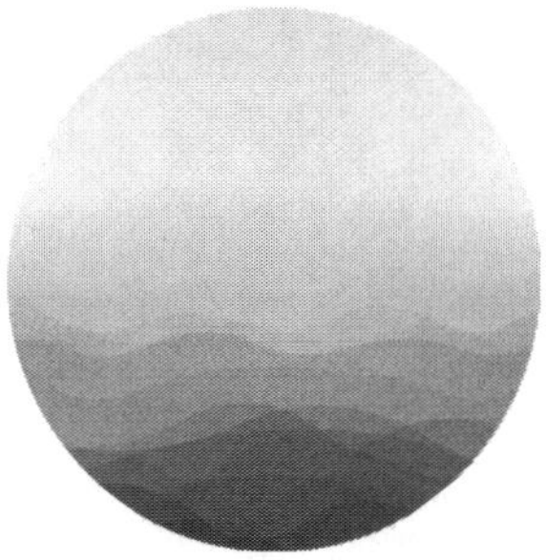

το θερμός
[ther**mos**] · thermos

η θάλασσα
[**tha**lasa] · sea

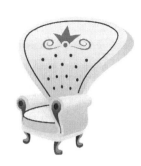

ο θρόνος
[**thro**nos] · throne

ο θησαυρός
[thisav**ros**] · treasure

το θερμός
το θερμός
το θερμός

η θάλασσα
η θάλασσα
η θάλασσα

ο θρόνος
ο θρόνος
ο θρόνος

ο θησαυρός
ο θησαυρός
ο θησαυρός

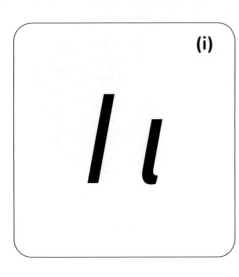

Ι ι

(i)

το **ιγκουάνα**
[inkouana] · iguana

ο **ιαγουάρος**
[iagouaros] · jaguar

Ι

Ι

Ι

ι

ι

ι

το ιγκουάνα

το ιγκουάνα

το ιγκουάνα

ο ιαγουάρος

ο ιαγουάρος

ο ιαγουάρος

ο ιπποπόταμος
[ippo**po**tamos]
hippopotamus

το **ιγκλού**
[**i**gloo] · igloo

ο **ιππότης**
[i**po**tis] · knight

ο **ιός**
[ee**os**] · virus

ο ιπποπόταμος
ο ιπποπόταμος
ο ιπποπόταμος

το ιγκλού
το ιγκλού
το ιγκλού

ο ιππότης
ο ιππότης
ο ιππότης

ο ιός
ο ιός
ο ιός

Κ κ

(k)

το **κέικ**
[**ke**ik] · cake

το **κεράσι**
[ke**ra**si] · cherry

Κ

Κ

Κ

κ

κ

κ

το κέικ

το κέικ

το κέικ

το κεράσι

το κεράσι

το κεράσι

η **κούκλα**
[koukla] · doll

το **καρπούζι**
[karpouzi] · watermelon

το **καβούρι**
[kavouri] · crab

οι **κάλτσες**
[kaltses] · socks

η κούκλα

η κούκλα

η κούκλα

το καρπούζι

το καρπούζι

το καρπούζι

το καβούρι

το καβούρι

το καβούρι

οι κάλτσες

οι κάλτσες

οι κάλτσες

Λ λ

(l)

το **λιοντάρι**
*[lion**ta**ri]* · *lion*

το **λεωφορείο**
*[leofore**i**o]* · *bus*

Λ

Λ

Λ

λ

λ

λ

το λιοντάρι

το λιοντάρι

το λιοντάρι

το λεωφορείο

το λεωφορείο

το λεωφορείο

το λεμόνι
[lemoni] · lemon

το λουλούδι
[louloudi] · flower

ο **λαγός**
[lagos] · hare

η **λάμπα**
[lamba] · light bulb

το λεμόνι

το λεμόνι

το λεμόνι

το λουλούδι

το λουλούδι

το λουλούδι

ο λαγός

ο λαγός

ο λαγός

η λάμπα

η λάμπα

η λάμπα

M μ (m)

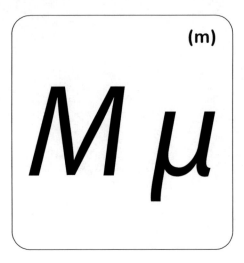

ο **μονόκερος**
[mo**no**keros] · unicorn

η **μέλισσα**
[**me**lissa] · bee

M

M

M

μ

μ

μ

ο μονόκερος

ο μονόκερος

ο μονόκερος

η μέλισσα

η μέλισσα

η μέλισσα

το μήλο
[**me**lo] · apple

το μανιτάρι
[mani**ta**ri] · mushroom

η **μπάλα**
[**ba**la] · ball

το **μπαλόνι**
[ba**lo**ni] · balloon

το μήλο

το μήλο

το μήλο

το μανιτάρι

το μανιτάρι

το μανιτάρι

η μπάλα

η μπάλα

η μπάλα

το μπαλόνι

το μπαλόνι

το μπαλόνι

N ν (n)

η **νυχτερίδα**
[nychterida] · bat

το **νησί**
[nisi] · island

N

N

N

ν

ν

ν

η νυχτερίδα

η νυχτερίδα

η νυχτερίδα

το νησί

το νησί

το νησί

η νύχτα
[**nych**ta] · night

το νερό
[ne**ro**] · water

η ντομάτα
[ndo**ma**ta] · tomato

η νεράιδα
[ne**rai**da] · fairy

η νύχτα

η νύχτα

η νύχτα

το νερό

το νερό

το νερό

η ντομάτα

η ντομάτα

η ντομάτα

η νεράιδα

η νεράιδα

η νεράιδα

Ξ ξ

(ks)

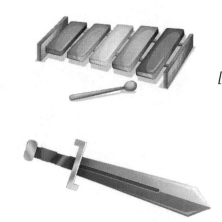

το **ξυλόφωνο**
*[kseel**o**fono] · xylophone*

το **ξίφος**
*[**ksi**fos] · sword*

Ξ

Ξ

Ξ

ξ

ξ

ξ

το ξυλόφωνο

το ξυλόφωνο

το ξυλόφωνο

το ξίφος

το ξίφος

το ξίφος

το **ξύλο**	ο **ξιφίας**	το **ξωτικό**	το **ξυπνητήρι**
[**ksee**lo] · wood	[xee**fee**as] · swordfish	[xoti**ko**] · elf	[xeepni**ti**ri] · alarm clock

το ξύλο
το ξύλο

το ξύλο

ο ξιφίας
ο ξιφίας

ο ξιφίας

το ξωτικό
το ξωτικό

το ξωτικό

το ξυπνητήρι
το ξυπνητήρι

το ξυπνητήρι

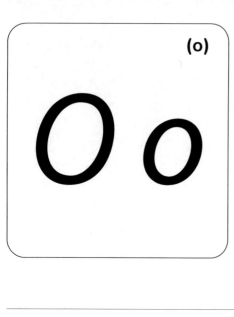

O o

(o)

η **οδοντόβουρτσα**
*[odon**to**vourtsa] · toothbrush*

η **ουρά**
*[ou**ra**] · tail*

O

O

O

o

o

o

η οδοντόβουρτσα

η οδοντόβουρτσα

η οδοντόβουρτσα

η ουρά

η ουρά

η ουρά

το ουράνιο τόξο
[*ouranio toxo*] · *rainbow*

η ομπρέλα
[*ombrela*] · *umbrella*

οκτώ
[*okto*] · *eight*

η οικογένεια
[*oikogeneea*] · *family*

το ουράνιο τόξο

το ουράνιο τόξο

το ουράνιο τόξο

η ομπρέλα

η ομπρέλα

η ομπρέλα

οκτώ

οκτώ

οκτώ

η οικογένεια

η οικογένεια

η οικογένεια

Π π (p)

το **πλοίο**
[**ple**o] · ship

ο **πάγος**
[o PA-gos] · ice

Π

Π

Π

π

π

π

το πλοίο

το πλοίο

το πλοίο

ο πάγος

ο πάγος

ο πάγος

η πεταλούδα
[peta**lou**da] · butterfly

η πασχαλίτσα
[pascha**li**tsa] · ladybug

ο **πιγκουίνος**
[pinkouinos] · penguin

το **πεπόνι**
[pe**po**ni] · melon

η πεταλούδα

η πεταλούδα

η πεταλούδα

η πασχαλίτσα

η πασχαλίτσα

η πασχαλίτσα

ο πιγκουίνος

ο πιγκουίνος

ο πιγκουίνος

το πεπόνι

το πεπόνι

το πεπόνι

Ρ ρ (r)

η **ρακέτα**
[*rake*ta] · racket

ο **ρινόκερος**
[*rino*keros] · rhinoceros

Ρ

Ρ

Ρ

ρ

ρ

ρ

η ρακέτα

η ρακέτα

η ρακέτα

ο ρινόκερος

ο ρινόκερος

ο ρινόκερος

το **ρολόι**
[ro**l**oi] · clock

το **ρακούν**
[ra**koun**] · raccoon

το **ροδάκινο**
[ro**da**kino] · peach

τα **ρούχα**
[roucha] · clothes

το ρολόι

το ρολόι

το ρολόι

το ρακούν

το ρακούν

το ρακούν

το ροδάκινο

το ροδάκινο

το ροδάκινο

τα ρούχα

τα ρούχα

τα ρούχα

(s)

Σ σ

το **σύννεφο**
*[**sy**nnefo] · cloud*

το **σαλιγκάρι**
*[sali**nga**ri] · snail*

Σ

Σ

Σ

σ

σ

σ

το σύννεφο

το σύννεφο

το σύννεφο

το σαλιγκάρι

το σαλιγκάρι

το σαλιγκάρι

η σοκολάτα
[so**ko**la**ta**] · chocolate

ο **σκίουρος**
[**ski**ouros] · squirrel

το **σκουλήκι**
[skou**le**ki] · worm

το **σκάκι**
[**ska**ki] · chess

η σοκολάτα

η σοκολάτα

η σοκολάτα

ο σκίουρος

ο σκίουρος

ο σκίουρος

το σκουλήκι

το σκουλήκι

το σκουλήκι

το σκάκι

το σκάκι

το σκάκι

Τ τ

(t)

το **τρένο**
[**tre**no] · train

το **τυρί**
[**tyri**] · cheese

Τ

Τ

Τ

τ

τ

τ

το τρένο

το τρένο

το τρένο

το τυρί

το τυρί

το τυρί

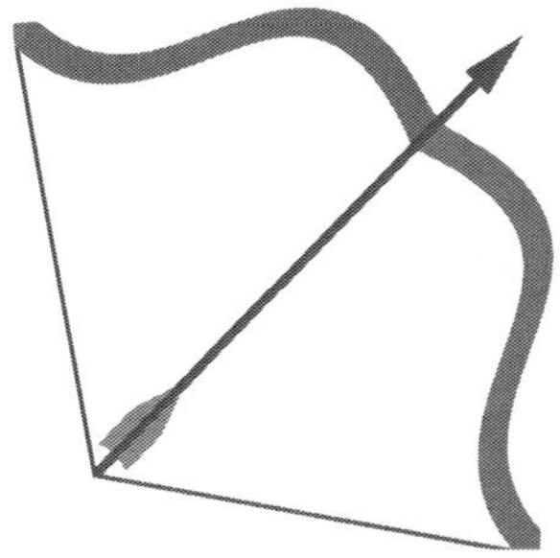

το **τριαντάφυλλο**
[trian**ta**fyllo] · rose

το **τόξο**
[**to**xo] · bow

το **τύμπανο**
[**tym**pano] · drum

το **τραπέζι**
[tra**pe**zi] · table

το τριαντάφυλλο
το τριαντάφυλλο
το τριαντάφυλλο

το τόξο
το τόξο
το τόξο

το τύμπανο
το τύμπανο
το τύμπανο

το τραπέζι
το τραπέζι
το τραπέζι

Υ υ (y)

ο **υπολογιστής**
[*ypologistis*] · computer

ο **υάκινθος**
[*eakinthos*] · hyacinth

Υ

Υ

Υ

υ

υ

υ

ο υπολογιστής

ο υπολογιστής

ο υπολογιστής

ο υάκινθος

ο υάκινθος

ο υάκινθος

ο υπερήρωας
[yper**i**roas] · superhero

το ύψος
[**e**psos] · height

το υποβρύχιο
[epo**vree**chio] · submarine

η ύαινα
[**ee**ena] · hyena

ο υπερήρωας
ο υπερήρωας
ο υπερήρωας

το ύψος
το ύψος
το ύψος

το υποβρύχιο
το υποβρύχιο
το υποβρύχιο

η ύαινα
η ύαινα
η ύαινα

Φ φ (f)

το **φεγγάρι**
[fengari] · moon

το **φίδι**
[fidi] · snake

Φ

Φ

Φ

φ

φ

φ

το φεγγάρι

το φεγγάρι

το φεγγάρι

το φίδι

το φίδι

το φίδι

η φράουλα
[**fra**oula] · strawberry

ο φάρος
[**fa**ros] · lighthouse

το **φλαμίνγκο**
[fla**mi**ngo] · flamingo

τα **φρούτα**
[**frou**ta] · fruits

η φράουλα

η φράουλα

η φράουλα

ο φάρος

ο φάρος

ο φάρος

το φλαμίνγκο

το φλαμίνγκο

το φλαμίνγκο

τα φρούτα

τα φρούτα

τα φρούτα

Χ χ

(ch)

τα **χείλη**
[cheili] · lips

η **χελώνα**
[chelona] · turtle

Χ

Χ

Χ

χ

χ

χ

τα χείλη

τα χείλη

τα χείλη

η χελώνα

η χελώνα

η χελώνα

το **χάμπεργκερ**
[**ha**mburger] · hamburger

το **χταπόδι**
[chta**po**di] · octopus

ο **χιονάνθρωπος**
[chio**na**nthropos] · snowman

η **χήνα**
[**che**na] · goose

το χάμπεργκερ
το χάμπεργκερ
το χάμπεργκερ

το χταπόδι
το χταπόδι
το χταπόδι

ο χιονάνθρωπος
ο χιονάνθρωπος
ο χιονάνθρωπος

η χήνα
η χήνα
η χήνα

(ps)

Ψ ψ

το **ψωμί**
[ps**omi**] · bread

το **ψαλίδι**
[ps**alidi**] · scissors

ψ

ψ

ψ

ψ

ψ

ψ

το ψωμί

το ψωμί

το ψωμί

το ψαλίδι

το ψαλίδι

το ψαλίδι

το **ψάρι**
[*psa*ri] · fish

ο **ψαράς**
[*psara*s] · fisherman

το **ψυγείο**
[*psygei*o] · refrigerator

τα **ψώνια**
[*pso*neea] · shopping

το ψάρι

το ψάρι

το ψάρι

ο ψαράς

ο ψαράς

ο ψαράς

το ψυγείο

το ψυγείο

το ψυγείο

τα ψώνια

τα ψώνια

τα ψώνια

(ο)

Ω ω

ο **ωκεανός**
[okea**nos**] · ocean

η **ώρα**
[**o**ra] · hour

Ω

Ω

Ω

ω

ω

ω

ο ωκεανός

ο ωκεανός

ο ωκεανός

η ώρα

η ώρα

η ώρα

ο ώμος	**βλέπω**	**ακούω**	**πίνω**
[**o**mos] · shoulder	[**vle**po] · to see	[**akou**o] · to hear	[**pee**no] · to drink

ο ώμος

ο ώμος

ο ώμος

βλέπω

βλέπω

βλέπω

ακούω

ακούω

ακούω

πίνω

πίνω

πίνω

Οι Αριθμοί 1-10

ένα
[ena] • one

δύο
[deeo] • two

τρία
[treea] • three

τέσσερα
[tesera] • four

πέντε
[pende] • five

ένα

ένα

δύο

δύο

τρία

τρία

τέσσερα

τέσσερα

πέντε

πέντε

Numbers 1-10

6	7	8	9	10
έξι	**επτά**	**οκτώ**	**εννέα**	**δέκα**
[**ekse**] • six	[**epta**] • seven	[**okto**] • eight	[**enea**] • nine	[**deka**] • ten

έξι

έξι

επτά

επτά

οκτώ

οκτώ

εννέα

εννέα

δέκα

δέκα

Οι Αριθμοί 11-20

11	12	13	14	15
έντεκα	**δώδεκα**	**δεκατρία**	**δεκατέσσερα**	**δεκαπέντε**
[**e**ndeka]	[**do**deka]	[deka**tree**a]	[deka**te**sera]	[deka**pe**nde]
eleven	twelve	thirteen	fourteen	fifteen

έντεκα

έντεκα

δώδεκα

δώδεκα

δεκατρία

δεκατρία

δεκατέσσερα

δεκατέσσερα

δεκαπέντε

δεκαπέντε

Numbers 11-20

16	17	18	19	20
δεκαέξι	**δεκαεπτά**	**δεκαοκτώ**	**δεκαεννιά**	**είκοσι**
[dekaekse]	[dekaepta]	[dekaokto]	[dekaenea]	[eekose]
sixteen	seventeen	eighteen	nineteen	twenty

δεκαέξι

δεκαέξι

δεκαεπτά

δεκαεπτά

δεκαοκτώ

δεκαοκτώ

δεκαεννιά

δεκαεννιά

είκοσι

είκοσι

Οι Αριθμοί 30-100

30	**40**	**50**	**60**
τριάντα	**σαράντα**	**πενήντα**	**εξήντα**
[*tree*anda]	[*sar*anda]	[pe*ne*nda]	[*ex*enda]
thirty	forty	fifty	sixty

τριάντα

τριάντα

σαράντα

σαράντα

πενήντα

πενήντα

εξήντα

εξήντα

Numbers 30-100

70
εβδομήντα
[evthomeeda]
seventy

80
ογδόντα
[ogthonda]
eighty

90
ενενήντα
[eneneenda]
ninety

100
εκατό
[ekato]
hundred

εβδομήντα

εβδομήντα

ογδόντα

ογδόντα

ενενήντα

ενενήντα

εκατό

εκατό

1 Τα Ζώα *[zoa]*

η αγελάδα
[agelada] • cow

το πρόβατο
[provato] • sheep

το γουρούνι
[gourouni] • pig

η αγελάδα

η αγελάδα

το πρόβατο

το πρόβατο

το γουρούνι

το γουρούνι

Animals

η **κατσίκα**
[kat*se*ka] • goat

το **γαϊδούρι**
[gai*dou*ri] • donkey

το **άλογο**
[*a*logo] • horse

η κατσίκα

η κατσίκα

το άλογο

το άλογο

το γαϊδούρι

το γαϊδούρι

2 Τα Ζώα [zoa]

ΤΟ **ελάφι**
[ela fe] • deer

ο **σκίουρος**
[ske ouros] • squirrel

ΤΟ **ρακούν**
[ra ccoon] • raccoon

το ελάφι

το ελάφι

το ρακούν

το ρακούν

ο σκίουρος

ο σκίουρος

Animals

η **αλεπού**
[ale**pou**] • fox

η **αρκούδα**
[ar**kou**da] • bear

ο **σκαντζόχοιρος**
[ska**ntzo**choeros] • hedgehog

η αλεπού

η αλεπού

ο σκαντζόχοιρος

ο σκαντζόχοιρος

η αρκούδα

η αρκούδα

3 Τα Ζώα *[zoa]*

η γάτα
[gata] · cat

ο **σκύλος**
[skeelos] · dog

η χελώνα
[chelona] · turtle

η γάτα

η γάτα

ο σκύλος

ο σκύλος

η χελώνα

η χελώνα

Animals

το **χάμστερ**
*[**ha**mster] • hamster*

το **κουνέλι**
*[kou**ne**lee] • rabbit*

το **ποντίκι**
*[po**ndee**ke] • mouse*

το χάμστερ

το χάμστερ

το ποντίκι

το ποντίκι

το κουνέλι

το κουνέλι

1 Τα Πουλιά [poulia]

ο **κόκορας**
[**ko**koras] • rooster

η **κότα**
[**ko**ta] • hen

το **κοτοπουλάκι**
[kotopou**la**ke] • chick

ο κόκορας

ο κόκορας

η κότα

η κότα

το κοτοπουλάκι

το κοτοπουλάκι

Birds

η χήνα
[*che*na] · *goose*

η γαλοπούλα
[galo*pou*la] · *turkey*

η πάπια
[*pa*pia] · *duck*

η χήνα

η χήνα

η γαλοπούλα

η γαλοπούλα

η πάπια

η πάπια

2 Τα Πουλιά *[pou**li**a]*

ο **παπαγάλος**
*[papa**ga**los]* • *parrot*

ο **πιγκουίνος**
*[pinkou**i**nos]* • *penguin*

η **κουκουβάγια**
*[koukou**va**gia]* • *owl*

ο παπαγάλος

ο παπαγάλος

η κουκουβάγια

η κουκουβάγια

ο πιγκουίνος

ο πιγκουίνος

Birds

ο **πελαργός**
*[pela**rgos**] • stork*

ο **αετός**
*[ae**tos**] • eagle*

το **παγώνι**
*[pa**go**ni] • peacock*

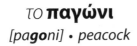

ο πελαργός

ο πελαργός

το παγώνι

το παγώνι

ο αετός

ο αετός

Τα Χρώματα

κόκκινο

[**ko**keno] • red

κόκκινο

κόκκινη ντομάτα

κόκκινη φράουλα

κόκκινο μήλο

κίτρινο

[**ke**treno] • yellow

κίτρινο

κίτρινο λεμόνι

κίτρινο αστέρι

κίτρινος ήλιος

Colors

πράσινο

[**pra**sino] • green

πράσινο

πράσινο φύλλο

πράσινο αχλάδι

πράσινο αβοκάντο

μπλε

[ble] • blue

μπλε

μπλε ωκεανός

μπλε ψάρι

μπλε ουρανός

Τα Χρώματα

άσπρο
[*aspro*] • *white*

άσπρο

άσπρο χιόνι

άσπρο αλεύρι

άσπρο γάλα

μαύρο
[*mavro*] • *black*

μαύρο

μαύρη αράχνη

μαύρος πίνακας

μαύρο τιμόνι

Colors

. . . .

πορτοκαλί
[portoka**lee**] • orange

πορτοκαλί

πορτοκαλί καρότο

πορτοκαλί μανταρίνι

πορτοκαλί μάνγκο

ροζ
[roz] • pink

ροζ

ροζ φλαμίνγκο

ροζ κραγιόν

ροζ παγωτό

Τα Χρώματα

μωβ
[mov] • purple

μωβ

μωβ μελιτζάνα

μωβ δαμάσκηνο

μωβ φόρεμα

καφέ
[kafe] • brown

καφέ

καφέ ψωμί

καφέ κουκουβάγια

καφέ πολυθρόνα

Colors

. . . .

γκρι
[gree] • *gray*

γκρι

γκρι ελέφαντας

γκρι ποντίκι

γκρι παλτό

πολύχρωμος
*[po**le**chromos]* • *multicolored*

πολύχρωμος

πολύχρωμος παπαγάλος

πολύχρωμο ουράνιο τόξο

πολύχρωμο δαχτυλίδι

1 Τα Φρούτα & τα Μούρα

[frouta & moura]

το **μήλο**
[melo]
apple

το μήλο

το **αχλάδι**
[achladi]
pear

το αχλάδι

το **καρπούζι**
[karpouzi]
watermelon

το καρπούζι

η **μπανάνα**
[banana]
banana

η μπανάνα

Fruits & Berries

το **πορτοκάλι**
[porto**kali**]
orange

το πορτοκάλι

ο **ανανάς**
[ana**nas**]
pineapple

ο ανανάς

το **σμέουρο**
[**sme**ouro]
raspberry

το σμέουρο

το **μύρτιλο**
[**me**rtelo]
blueberry

το μύρτιλο

2 Τα Φρούτα & τα Μούρα

*[**frou**ta & **mou**ra]*

το **λεμόνι**
*[le**mo**ni]*
lemon

το λεμόνι

τα **σταφύλια**
*[sta**fee**lia]*
grapes

τα σταφύλια

το **κεράσι**
*[ke**ra**si]*
cherry

το κεράσι

το **ροδάκινο**
*[ro**da**kino]*
peach

το ροδάκινο

Fruits & Berries

η **φράουλα**
[**fra**oula]
strawberry

η φράουλα

το **ρόδι**
[**ro**di]
pomegranate

το ρόδι

το **ακτινίδιο**
[akti**ne**deo]
kiwi

το ακτινίδιο

το **μάνγκο**
[**ma**ngo]
mango

το μάνγκο

1 **Τα Λαχανικά** *[lachaneka]*

το **μπρόκολο**
[brokolo]
broccoli

το μπρόκολο

το **καρότο**
[karoto]
carrot

το καρότο

το **λάχανο**
[lachano]
cabbage

το λάχανο

το **καλαμπόκι**
[kalamboki]
corn

το καλαμπόκι

Vegetables

η πατάτα
[pa**ta**ta]
potato

η πατάτα

το κρεμμύδι
[kre**me**de]
onion

το κρεμμύδι

ο αρακάς
[ara**kas**]
pea

ο αρακάς

το σέλινο
[**se**leno]
celery

το σέλινο

2 Τα Λαχανικά *[lachane**ka**]*

το **σκόρδο**
*[**skor**do]*
garlic

το σκόρδο

η **πιπεριά**
*[piper**gia**]*
pepper

η πιπεριά

το **αγγούρι**
*[a**gou**ri]*
cucumber

το αγγούρι

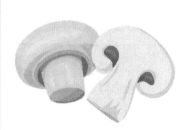

το **μανιτάρι**
*[mani**ta**ri]*
mushroom

το μανιτάρι

Vegetables

η κολοκύθα
[kolo**ke**tha]
pumpkin

η κολοκύθα

το **κουνουπίδι**
[kounou**pe**di]
cauliflower

το κουνουπίδι

η μελιτζάνα
[meli**nja**na]
eggplant

η μελιτζάνα

το **σπαράγγι**
[spa**ra**ngi]
asparagus

το σπαράγγι

① Το Φαγητό [fageto]

BREAKFAST *time*

ΤΟ **πρωινό**
[proe**no**] • breakfast

LUNCH *time*

ΤΟ **μεσημεριανό**
[mesimeria**no**] • lunch

DINNER *time*

ΤΟ **δείπνο**
[**dee**pno] • dinner

SNACK *time*

ΤΟ **σνακ**
[snack] • snack

το πρωινό

το πρωινό

το μεσημεριανό

το μεσημεριανό

το δείπνο

το δείπνο

το σνακ

το σνακ

Food

τα **μακαρόνια**
[makaronia] • pasta

το **ρύζι**
[reezi] • rice

η **σαλάτα**
[salata] • salad

η **σούπα**
[soupa] • soup

τα μακαρόνια

τα μακαρόνια

το ρύζι

το ρύζι

η σαλάτα

η σαλάτα

η σούπα

η σούπα

2 Το Φαγητό *[fageto]*

το **κοτόπουλο**
[kotopoulo] • chicken

το **μοσχάρι**
[moschari] • beef

το **λουκάνικο**
[loukaneko] • sausage

το **ψάρι**
[psari] • fish

το κοτόπουλο

το κοτόπουλο

το μοσχάρι

το μοσχάρι

το λουκάνικο

το λουκάνικο

το ψάρι

το ψάρι

Food

το **σάντουιτς**
[**sa**ndwich] • *sandwich*

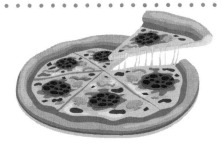

η **πίτσα**
[**pi**zza] • *pizza*

Οι **τηγανητές πατάτες**
[*tiga*ni**tes** pa**ta**tes] • *french fries*

το **χάμπεργκερ**
[**ha**mburger] • *hamburger*

το σάντουιτς

το σάντουιτς

η πίτσα

η πίτσα

οι τηγανητές πατάτες

οι τηγανητές πατάτες

το χάμπεργκερ

το χάμπεργκερ

3 Το Φαγητό *[fageto]*

το **παγωτό**
[pagoto] • ice cream

το **κουλουράκι**
[koulouraki] • cookie

το **κέικ**
[cake] • cake

η **πίτα**
[pita] • pie

το παγωτό

το παγωτό

το κουλουράκι

το κουλουράκι

το κέικ

το κέικ

η πίτα

η πίτα

Food

το **νερό**

[ne**ro**] • water

το **γάλα**

[**ga**la] • milk

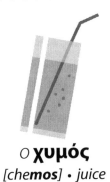

ο **χυμός**

[che**mos**] • juice

ο **καφές**

[ka**fes**] • coffee

το νερό

το νερό

το γάλα

το γάλα

ο χυμός

ο χυμός

ο καφές

ο καφές

Τα Ρούχα [*rou*cha]

το **φόρεμα**
[*fo*rema] • dress

η **τσάντα**
[*tsa*nda] • bag

το **παλτό**
[*pal*to] • coat

η **μπλούζα**
[*mblou*za] • blouse

τα **ψηλοτάκουνα παπούτσια**
[psilo*ta*kouna pa*pou*tsia]
high-heeled shoes

το **καπέλο**
[ka*pe*lo] • hat

το φόρεμα

η τσάντα

το παλτό

η μπλούζα

τα ψηλοτάκουνα παπούτσια

το καπέλο

Clothes

το πουκάμισο

το σόρτς

η μπλούζα

το παντελόνι

οι μπότες

τα αθλητικά παπούτσια

το πουκάμισο
[poukamiso]
button-down shirt

το σόρτς
[shorts] • shorts

η μπλούζα
[mblouza] • t-shirt

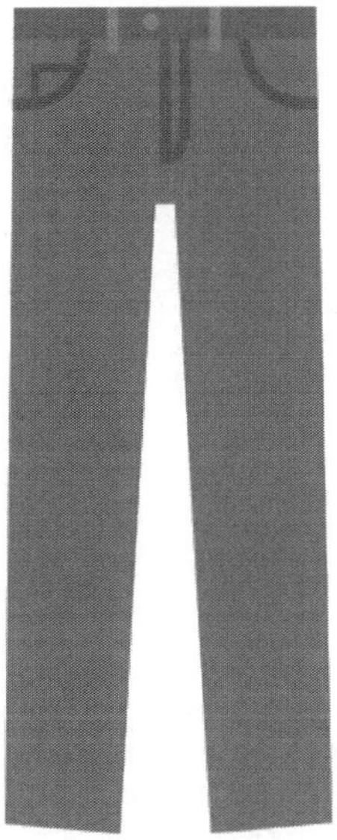

το παντελόνι
[pandeloni] • pants

οι μπότες
[mbotes] • boots

τα αθλητικά παπούτσια
[athleteka papoutsia] • sneakers

Οι Μήνες *[**me**nes]*

Ιανουάριος
*[ianou**a**rios] • January*

Φεβρουάριος
*[fevrou**a**rios] • February*

Μάρτιος
*[**mar**tios] • March*

Απρίλιος
*[a**pree**lios] • April*

Μάιος
*[**ma**eos] • May*

Ιούνιος
*[i**ou**nios] • June*

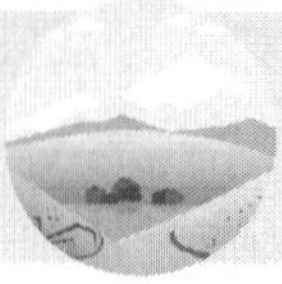

Ιανουάριος

Ιανουάριος

Φεβρουάριος

Φεβρουάριος

Μάρτιος

Μάρτιος

Απρίλιος

Απρίλιος

Μάιος

Μάιος

Ιούνιος

Ιούνιος

Months

Ιούλιος
[*iou*lios] • July

Οκτώβριος
[*okto*vrios] • October

Αύγουστος
[*av*goustos] • August

Νοέμβριος
[no*em*vrios] • November

Σεπτέμβριος
[se*ptem*vrios] • September

Δεκέμβριος
[de*kem*vrios] • December

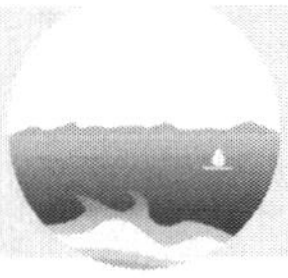

Ιούλιος

Ιούλιος

Αύγουστος

Αύγουστος

Σεπτέμβριος

Σεπτέμβριος

Οκτώβριος

Οκτώβριος

Νοέμβριος

Νοέμβριος

Δεκέμβριος

Δεκέμβριος

Οι Μέρες της Εβδομάδας

Days of the Week

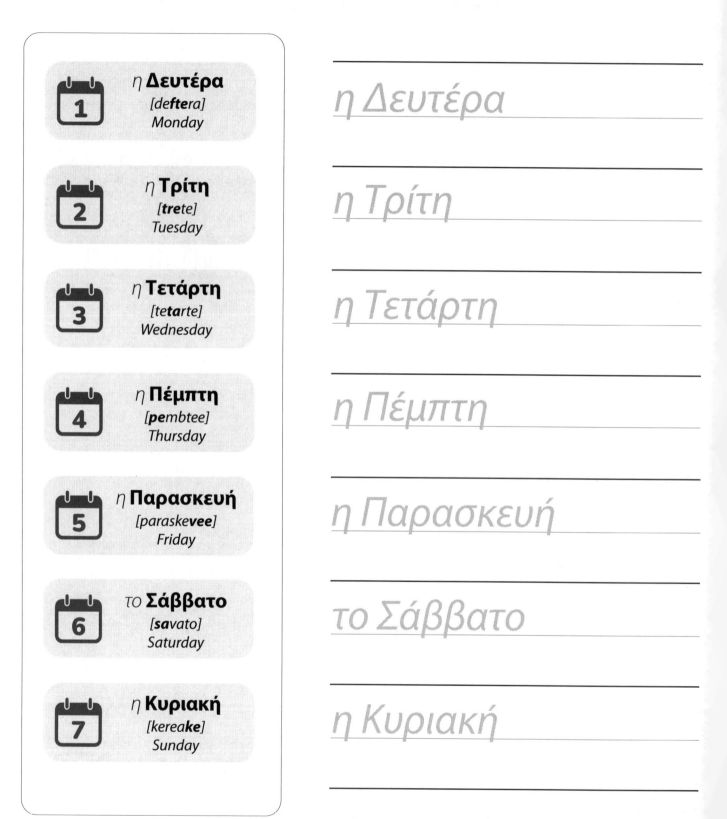

1 *η* **Δευτέρα**
*[de**fte**ra]*
Monday

2 *η* **Τρίτη**
*[**tre**te]*
Tuesday

3 *η* **Τετάρτη**
*[te**ta**rte]*
Wednesday

4 *η* **Πέμπτη**
*[**pe**mbtee]*
Thursday

5 *η* **Παρασκευή**
*[paraske**vee**]*
Friday

6 *το* **Σάββατο**
*[**sa**vato]*
Saturday

7 *η* **Κυριακή**
*[kerea**ke**]*
Sunday

η Δευτέρα

η Τρίτη

η Τετάρτη

η Πέμπτη

η Παρασκευή

το Σάββατο

η Κυριακή

Οι Εποχές
Seasons

ο χειμώνας
[hee**mo**nas] • winter

ο χειμώνας

η άνοιξη
[**a**nexe] • spring

η άνοιξη

το καλοκαίρι
[kalo**ke**re] • summer

το καλοκαίρι

το φθινόπωρο
[fthi**no**poro] • autumn

το φθινόπωρο

① Τα Μέρη του Σπιτιού

[**me**ree tou spiti**ou**]

το σπίτι
[**spe**te] · house

το σπίτι

η στέγη
[**ste**ge] · roof

η στέγη

το παράθυρο
[**para**thero] · window

το παράθυρο

ο φράκτης
[**fra**ktes] · fence

ο φράκτης

ο τοίχος
[**toe**chos] · wall

ο τοίχος

Parts of the House

οι **σκάλες**
[**ska**les] • stairs

οι σκάλες

η **πόρτα**
[**po**rta] • door

η πόρτα

το **γκαράζ**
[ga**ra**ge] • garage

το γκαράζ

τα **εργαλεία**
[erga**lee**a] • tools

τα εργαλεία

το **γραμματοκιβώτιο**
[gramatoki**vo**tio] • mailbox

το γραμματοκιβώτιο

2 Τα Μέρη του Σπιτιού

*[**me**ree tou spiti**ou**]*

το **σαλόνι**

*[sa**lo**ni] • living room*

το σαλόνι

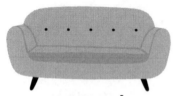

ο **καναπές**

*[kana**pes**] • couch*

ο καναπές

η **πολυθρόνα**

*[pole**thro**na] • armchair*

η πολυθρόνα

η **λάμπα**

*[**la**mba] • lamp*

η λάμπα

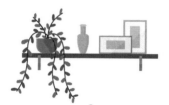

το **ράφι**

*[**ra**fee] • shelf*

το ράφι

Parts of the House

η **τηλεόραση**
[teeleorase] • TV

η τηλεόραση

το **τηλεχειριστήριο**
[teelecherestereo]
remote control

το τηλεχειριστήριο

το **ρολόι**
[roloe] • clock

το ρολόι

η **κουβέρτα**
[kouverta] • blanket

η κουβέρτα

η **κορνίζα**
[korneza] • picture frame

η κορνίζα

③ Τα Μέρη του Σπιτιού
[meree tou spiti**ou]**

το **υπνοδωμάτιο**
[epnodo**ma**tio] • bedroom

το υπνοδωμάτιο

το **κρεβάτι**
[kre**va**ti] • bed

το κρεβάτι

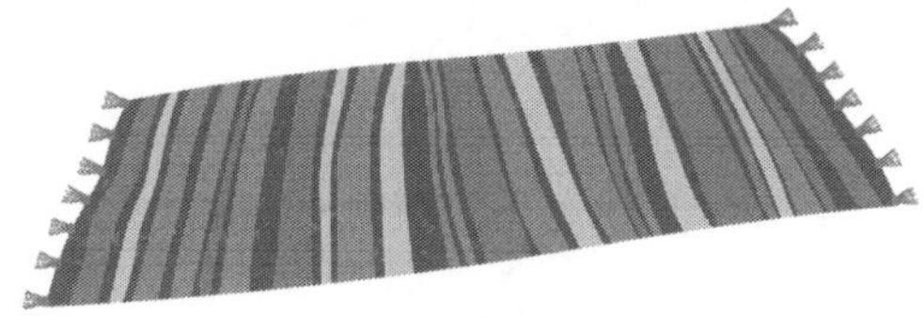

το **χαλί**
[cha**lee**] • rug

το χαλί

η **συρταριέρα**
[sertari**e**ra] • dresser

η συρταριέρα

η **καρέκλα**
[ka**re**kla] • chair

η καρέκλα

Parts of the House

το **μαξιλάρι**
[max**e**lari] · pillow

το μαξιλάρι

το **κομοδίνο**
[komo**the**no] · nightstand

το κομοδίνο

το **φυτό**
[fee**to**] · plant

το φυτό

ο **καθρέπτης**
[ka**thre**ptis] · mirror

ο καθρέπτης

το **κερί**
[ke**ree**] · candle

το κερί

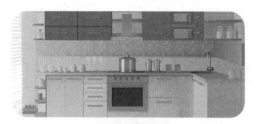

4 Τα Μέρη του Σπιτιού

*[**me**ree tou spiti**ou**]*

η κουζίνα

η **κουζίνα**
*[kou**ze**na] • kitchen*

το πιάτο

το **πιάτο**
*[pe**a**to] • plate*

το φλιτζάνι

το **φλιτζάνι**
*[flen**tza**ni] • cup*

το κουτάλι

το **κουτάλι**
*[kou**ta**li] • spoon*

το πιρούνι

το **πιρούνι**
*[pe**rou**ne] • fork*

Parts of the House

το **μαχαίρι**
[ma**che**re] • knife

το μαχαίρι

ο **βραστήρας**
[vra**ste**ras] • kettle

ο βραστήρας

το **τηγάνι**
[tee**ga**ne] • frying pan

το τηγάνι

το **αλάτι**
[a**la**ti] • salt

το αλάτι

το **πιπέρι**
[pee**pe**ree] • pepper

το πιπέρι

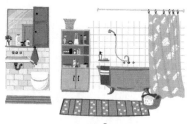

5 Τα Μέρη του Σπιτιού

*[**me**ree tou spiti**ou**]*

το **μπάνιο**

*[**mba**nio] • bathroom*

το μπάνιο

η **μπανιέρα**

*[mbani**e**ra] • bathtub*

η μπανιέρα

η **οδοντόβουρτσα**

*[odo**ndo**vourtsa] • toothbrush*

η οδοντόβουρτσα

η **οδοντόκρεμα**

*[odo**ndo**krema] • toothpaste*

η οδοντόκρεμα

ο **νιπτήρας**

*[ne**pte**ras] • sink*

ο νιπτήρας

Parts of the House

η **πετσέτα**
[pe**tse**ta] · towel

η πετσέτα

το **ντους**
[n**dous**] · shower

το ντους

το **πιστολάκι** *των* **μαλλιών**
[pesto**la**ke malee**on**]
hair dryer

το πιστολάκι των μαλλιών

η **τουαλέτα**
[toua**le**ta] · toilet

η τουαλέτα

το **χαρτί τουαλέτας**
[char**tee** toua**le**tas] · toilet paper

το χαρτί τουαλέτας

6 Τα Μέρη του Σπιτιού

[meree tou spiti**ou]**

το **παιδικό δωμάτιο**
[pedi**ko** tho**ma**tio] · children's room

το παιδικό δωμάτιο

τα **παιχνίδια**
[pe**chnee**dia] · toys

τα παιχνίδια

η **μπάλα**
[**ba**la] · ball

η μπάλα

η **κούκλα**
[**kou**kla] · doll

η κούκλα

το **βιβλίο**
[**vivli**o] · book

το βιβλίο

104

Parts of the House

το **υπόγειο**
*[e**po**geo] • basement*

το υπόγειο

το **πλυντήριο**
*[plee**ndee**reo] • washing machine*

το πλυντήριο

το **καλάθι των απλύτων**
*[ka**la**thi ton a**plee**ton]*
laundry basket

το καλάθι των απλύτων

τα **κουτιά**
*[kouti**a**] • boxes*

τα κουτιά

το **απορρυπαντικό πλυντηρίου**
*[aporhypandi**ko** pleendee**ree**ou]*
laundry detergent

το απορρυπαντικό πλυντηρίου

1 Τα Κτίρια *[kterea]*

ο **σιδηροδρομικός σταθμός**
*[sidirodromi**kos** sta**thmos**]*
train station

το **ταχυδρομείο**
*[tachidro**meo**]*
post office

το **σχολείο**
*[scho**lee**o]*
school

το **αστυνομικό τμήμα**
*[astinomi**ko** **tme**ma]*
police station

ο σιδηροδρομικός σταθμός

ο σιδηροδρομικός σταθμός

το ταχυδρομείο

το ταχυδρομείο

το σχολείο

το σχολείο

το αστυνομικό τμήμα

το αστυνομικό τμήμα

Buildings

το **νοσοκομείο**
[nosoko**me**o]
hospital

το **φαρμακείο**
[farma**kee**o]
pharmacy

η **πυροσβεστική**
[perosveste**ke**]
fire station

το **αεροδρόμιο**
[aero**dro**meo]
airport

το νοσοκομείο

το νοσοκομείο

το φαρμακείο

το φαρμακείο

η πυροσβεστική

η πυροσβεστική

το αεροδρόμιο

το αεροδρόμιο

② Τα Κτίρια [kterea]

το **σπίτι**
[**spe**te]
house

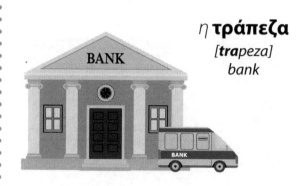

η **τράπεζα**
[**tra**peza]
bank

το **μανάβικο**
[ma**na**viko] • grocery store

η **βιβλιοθήκη**
[vivlio**the**ke] • library

το σπίτι

το σπίτι

η τράπεζα

η τράπεζα

το μανάβικο

το μανάβικο

η βιβλιοθήκη

η βιβλιοθήκη

Buildings

η **εκκλησία**
[ekle**sse**a]
church

το **εστιατόριο**
[estia**to**rio]
restaurant

το **βενζινάδικο**
[venzi**na**diko]
gas station

ο **φούρνος**
[**fou**rnos]
bakery

η εκκλησία

η εκκλησία

το εστιατόριο

το εστιατόριο

το βενζινάδικο

το βενζινάδικο

ο φούρνος

ο φούρνος

1 Η Μεταφορά [metafora]

ΤΟ αυτοκίνητο
[aftokinito] • car

ΤΟ λεωφορείο
[leoforeeo] • bus

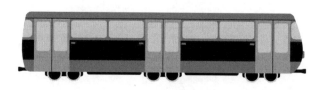

ΤΟ τρένο
[treno] • train

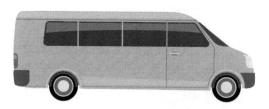

ΤΟ φορτηγάκι
[fortigaki] • van

το αυτοκίνητο

το αυτοκίνητο

το λεωφορείο

το λεωφορείο

το τρένο

το τρένο

το φορτηγάκι

το φορτηγάκι

Transportation

το **ασθενοφόρο**

[astheno**fo**ro] • ambulance

το **πυροσβεστικό όχημα**

[pirosvesti**ko o**chima] • fire truck

το **περιπολικό**

[peripolee**ko**] • police car

το **σκουπιδιάρικο**

[skoupedi**a**reko] • garbage truck

το ασθενοφόρο

το ασθενοφόρο

το πυροσβεστικό όχημα

το πυροσβεστικό όχημα

το περιπολικό

το περιπολικό

το σκουπιδιάρικο

το σκουπιδιάρικο

② Η Μεταφορά [metafora]

Ο εκσκαφέας
[ekskafeas] • excavator

ο γερανός
[geranos] • crane truck

ΤΟ φορτηγό φορτοεκφόρτωσης
[fortego fortoekfortosis] • dump truck

η μπετονιέρα
[mbetoniera] • cement mixer

ο εκσκαφέας

ο εκσκαφέας

ο γερανός

ο γερανός

το φορτηγό φορτοεκφόρτωσης

το φορτηγό φορτοεκφόρτωσης

η μπετονιέρα

η μπετονιέρα

Transportation

ΤΟ **αεροπλάνο**
[aeroplano] • airplane

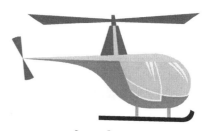

ΤΟ **ελικόπτερο**
[elikoptero] • helicopter

ΤΟ **αερόστατο**
[aerostato] • air balloon

ο **πύραυλος**
[peravlos] • rocketship

το αεροπλάνο

το αεροπλάνο

το ελικόπτερο

το ελικόπτερο

το αερόστατο

το αερόστατο

ο πύραυλος

ο πύραυλος

3 Η Μεταφορά *[metafo**ra**]*

το **πλοίο**
*[**ploe**o]* • *boat*

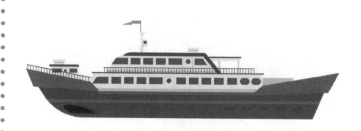

το **καράβι**
*[ka**ra**vi]* • *ship*

το **ιστιοφόρο**
*[istio**fo**ro]* • *sailboat*

το **τζετ σκι**
[jet ski] • *jet ski*

το πλοίο

το πλοίο

το καράβι

το καράβι

το ιστιοφόρο

το ιστιοφόρο

το τζετ σκι

το τζετ σκι

Transportation

το **ποδήλατο**
[po**de**lato] • bicycle

η **μοτοσυκλέτα**
[motoce**kle**ta] • motorcycle

το **πατίνι**
[pa**te**ne] • scooter

το **αμαξίδιο γκολφ**
[ama**xe**dio golf] • golf cart

το ποδήλατο

το ποδήλατο

η μοτοσυκλέτα

η μοτοσυκλέτα

το πατίνι

το πατίνι

το αμαξίδιο γκολφ

το αμαξίδιο γκολφ

① Βασικά Ρήματα

ζω
[zo] · *to live*

ζω

αγαπώ
[agapo] · *to love*

αγαπώ

κοιμάμαι
[koemame] · *to sleep*

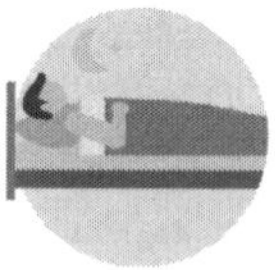

κοιμάμαι

μιλώ
[melo] · *to talk*

μιλώ

περπατώ
[perpato] · *to walk*

περπατώ

τρέχω
[trecho] · *to run*

τρέχω

βοηθώ
[voetho] · *to help*

βοηθώ

ακούω
[akouo] · *to hear*

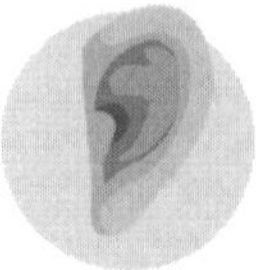

ακούω

Basic Verbs

 μελετώ
[mele**to**] · to study

μελετώ

 δουλεύω
[dou**le**vo] · to work

δουλεύω

 κάθομαι
[**ka**thome] · to sit

κάθομαι

 στέκομαι
[**ste**kome] · to stand

στέκομαι

 γελώ
[ge**lo**] · to laugh

γελώ

 κλαίω
[**kle**o] · to cry

κλαίω

 σκέφτομαι
[**ske**ftome] · to think

σκέφτομαι

 δείχνω
[**dee**chno] · to show

δείχνω

2 Βασικά Ρήματα

παίζω
[**pe**zo] · *to play*

παίζω

χορεύω
[cho**re**vo] · *to dance*

χορεύω

πηδώ
[pee**do**] · *to jump*

πηδώ

καβαλάω
[kava**la**o] · *to ride*

καβαλάω

μαγειρεύω
[magee**re**vo] · *to cook*

μαγειρεύω

τρώω
[**tro**o] · *to eat*

τρώω

πίνω
[**pee**no] · *to drink*

πίνω

καθαρίζω
[katha**re**zo] · *to clean*

καθαρίζω

Basic Verbs

φιλάω
[fi**la**o] · to kiss

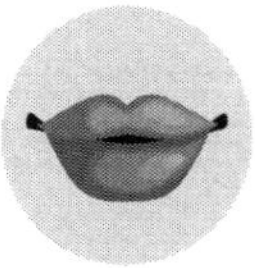

φιλάω

αγκαλιάζω
[angali**a**zo] · to hug

αγκαλιάζω

απαντάω
[apa**nda**o] · to answer

απαντάω

ρωτάω
[ro**ta**o] · to ask

ρωτάω

βλέπω
[**vle**po] · to see

βλέπω

μυρίζω
[me**ree**zo] · to smell

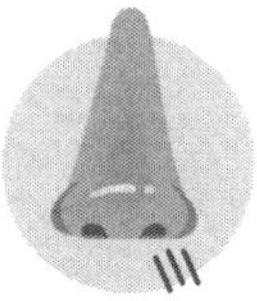

μυρίζω

ανοίγω
[a**noe**go] · to open

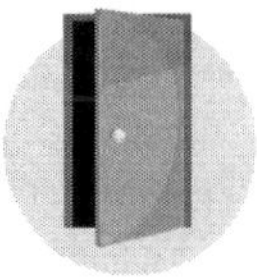

ανοίγω

κλείνω
[**kle**no] · to close

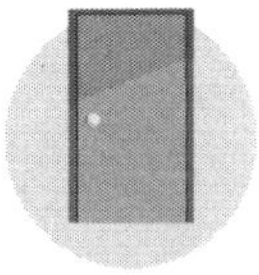

κλείνω

3 **Βασικά Ρήματα**

διαβάζω
[diavazo] · *to read*

διαβάζω

γράφω
[grafo] · *to write*

γράφω

μαθαίνω
[matheno] · *to learn*

μαθαίνω

θυμάμαι
[thimame] · *to remember*

θυμάμαι

μετράω
[metrao] · *to count*

μετράω

ζωγραφίζω
[zografizo] · *to draw*

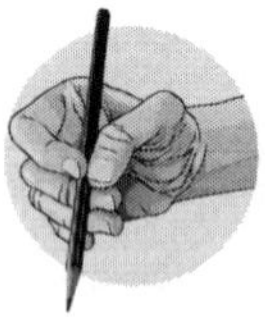

ζωγραφίζω

κάνω
[kano] · *to do*

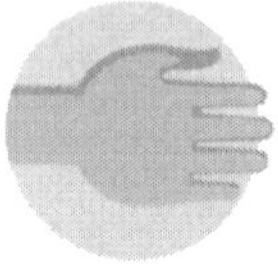

κάνω

χτίζω
[chteezo] · *to build*

χτίζω

Basic Verbs

παίρνω
[**pe**rno] · to take

παίρνω

δίνω
[**thee**no] · to give

δίνω

ξυπνάω
[xi**pna**o] · to wake up

ξυπνάω

ντύνομαι
[**ndee**nome] · to get dressed

ντύνομαι

βρίσκω
[**vri**sko] · to find

βρίσκω

αγοράζω
[ago**ra**zo] · to buy

αγοράζω

ξέρω
[**kse**ro] · to know

ξέρω

πιστεύω
[pi**ste**vo] · to believe

πιστεύω

Στο Πάρκο | At the Park

τα **δέντρα**
[**de**ndra] • trees

τα δέντρα

τα **λουλούδια**
[lou**lou**dia]
flowers

τα λουλούδια

ο **περίπατος**
[pe**ree**patos] • walk

ο περίπατος

το **παγκάκι**
[pan**ga**ki] • bench

το παγκάκι

Στο Μαγαζί | At the Store

το **καρότσι**
[karotsi] • cart

το καρότσι

το **πορτοφόλι**
[portofoli] • wallet

το πορτοφόλι

το **φαγητό**
[fageto] • food

το φαγητό

τα **αναψυκτικά**
[anapsiktika]
beverages

τα αναψυκτικά

Στο Ιατρείο | At the Doctor's Office

το **ιατρικό ραντεβού**
[ia**tree**ko rande**vou**]
doctor's appointment

το ιατρικό ραντεβού

το **φάρμακο**
[**far**mako]
medicine

το φάρμακο

η **ιατρική συνταγή**
[iatree**ke** seenda**ge**]
prescription

η ιατρική συνταγή

το **θερμόμετρο**
[ther**mo**metro]
thermometer

το θερμόμετρο

Στο Σχολείο | At the School

ο δάσκαλος
[daskalos] • teacher

ο δάσκαλος

ο μαθητής
[mathetes] • student

ο μαθητής

το θρανίο
[thranio]
desk

το θρανίο

το σακίδιο πλάτης
[sakideo platis]
backpack

το σακίδιο πλάτης

Ο Καιρός [*keros*]

ηλιόλουστος
[*elioloustos*] • sunny

ηλιόλουστος

συννεφιασμένος
[*seenefiasmenos*] • cloudy

συννεφιασμένος

βρέχει
[*vrechei*] • it's raining

βρέχει

χιονίζει
[*chioneze*] • it's snowing

χιονίζει

Weather

θυελλώδης

[theeelodes] · *windy*

θυελλώδης

το **ουράνιο τόξο**

[ouranio toxo] · *rainbow*

το ουράνιο τόξο

κάνει ζέστη

[kani zesti] · *it's hot*

κάνει ζέστη

κάνει κρύο

[kani kreo] · *it's cold*

κάνει κρύο

www.lingvitokids.com

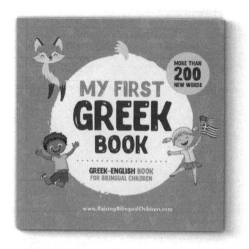

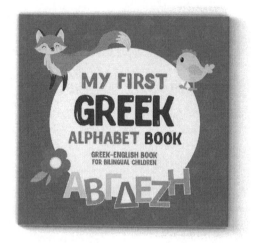

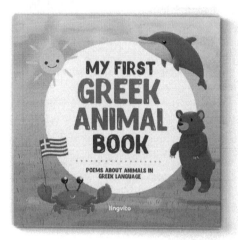

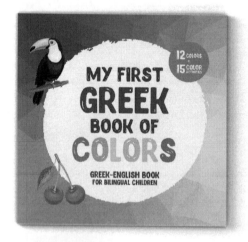

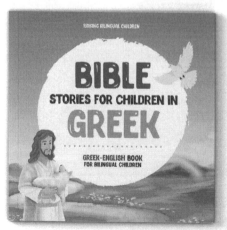

UKRAINIAN-ENGLISH BILINGUAL BOOK SERIES

Available at **amazon** Etsy

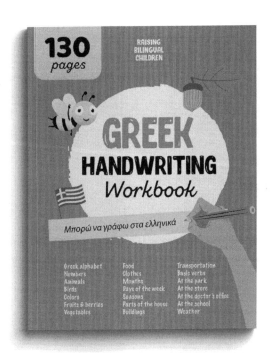

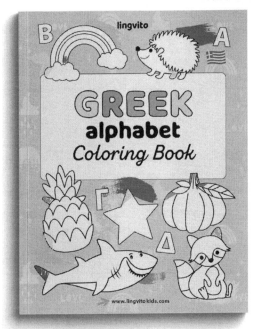

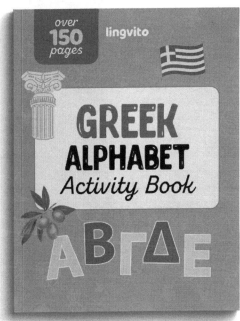

Thank you very much for choosing us!

It would be amazing if you wrote
an honest feedback on Amazon!
It means so much to us!

Questions?
Email us at
hello@ lingvito kids. com

 www. lingvito kids. com

lingvito

Follow us on Instagram
@lingvitobooks

Edition 1.2 - Updated on June 30, 2024

60010496R00073